季節が好きなわたしとマダム

にいざかにいこ

KADOKAWA

春夏秋冬　いつが好き？
——どの季節も大好き

作って
食べて
一緒に笑って

同じようだけど
少しずつ変わっていく
私たちの日々

季節と暮らせば
どんな日だって
特別に見えてくる

もくじ

第2章 夏

第3章 秋

第4章 冬

第1章

春

うららかな春の日差しの中をそよ風が吹きぬける。木蓮やチューリップ、ミモザ、桜の花が咲きほこり、春の匂いや光を感じながら、シャツ1枚で外出できる身軽さに心が躍る嬉しい季節。筍、新玉ねぎ、蕗《ふき》の薹《とう》、ほたるいか、いちご、文担……旬の食材にわくわくしながら、季節を彩る春の味覚を楽しみます。

第1話
はじまりは桜の季節

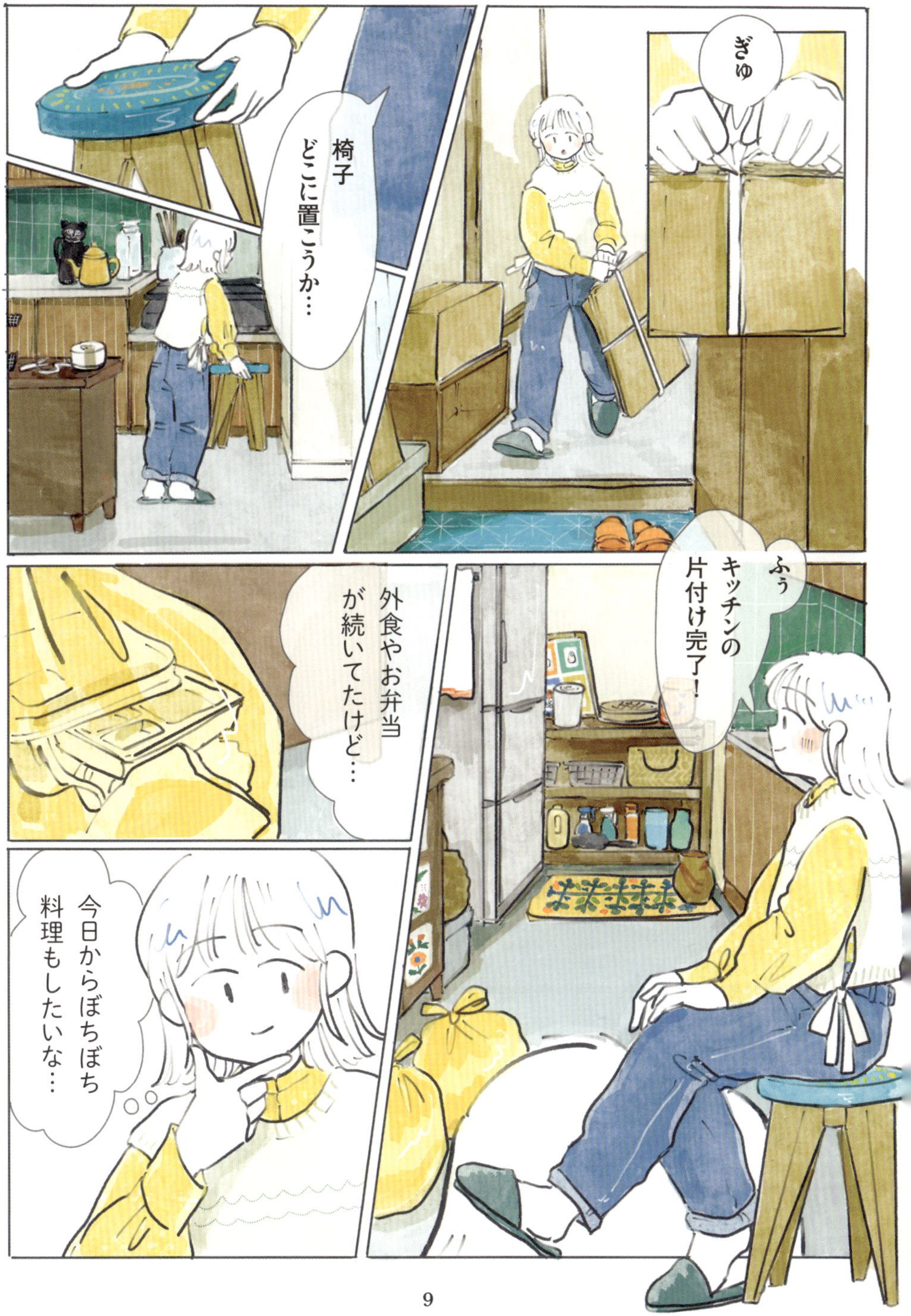
ぎゅ
椅子 どこに置こうか…
ふぅ キッチンの片付け完了!
外食やお弁当が続いてたけど…
今日からぼちぼち料理もしたいな…

一番近くのスーパー
どっちだっけ?
もうすぐ
桜も咲きそう
新玉ねぎ
買おう
春キャベツ…
ちょっとお高めね
引っ越しで
バタバタしてる間に
春が来てたんだねぇ~
菜の花もいいな
どっちゃり
1週間分
持って帰るの
大変だぞ~
お

ここのスーパーって花屋もあるんだ…
桜きれいだな
がんばったら持てるよね…!!
一気に部屋が春になったね
お昼ごはんも春のパスタにしよう

新玉ねぎと菜の花と…
それからもう一つ 桜エビ!
食べやすい大きさにして フライパンで さっと炒めます
そのまま水を足して 沸騰させ
半分にした パスタをゆでます
途中で牛乳と コンソメを加えて煮たら

盛りつけ難しい…
春のクリームパスタの完成
この色合いが春らしくて好き
菜の花のほろ苦さと新玉ねぎの甘みがいい！
桜えびは小さくてもいい味出してる
ちゅる
ちゅる

ごちそうさま
お腹いっぱい
新たな生活に
少し不安は
あるけれど
この街で
出会う人に
この部屋で
過ごす季節に
胸が高鳴る
春の晴れた日

Date 3.25

春を感じる
クリームパスタ

小さめ(〜24cm)のフライパンだと作りやすいです！

材料（1人分）

パスタ…100g
新玉ねぎ…1/4個
菜の花…50g
桜えび…大さじ1
コンソメ…小さじ1
水…250ml
牛乳…150ml
バター…5g

作り方

1 新玉ねぎは繊維に沿って薄切りに、菜の花のつぼみと茎を分けて、茎は食べやすい大きさに切る。
2 バターを溶かしたフライパンで新玉ねぎと菜の花の茎、桜えびをさっと炒める。
3 **2**に水を加え、沸騰したら具材を隅に寄せて半分に折ったパスタを加える。パスタがお湯に浸かるよう、位置を移動させながら茹でる。
4 パスタに少し芯が残っている段階で牛乳とコンソメと菜の花のつぼみを加え、ソースにとろみがつくまで加熱する。

メモ

・パスタを茹でる水分がなくならないように、適宜水または牛乳を足す。最後に火加減を調整して水分量を減らし、ソースにとろみがつくようにする。

第２話

新しい友だち

いちごの美味しい季節だねぇ
ぷすっ
今日はいちごを使ったおやつを作りたい気分
マフィンとかプリンとか…
ぼくはプリンがいい!
じゃあ
いちごのミルクプリンにしよ
ねぇねぇこんどうちに友だちつれて来てもいい?
もうそんなに仲の良い友だちができたの? 私がいる日ならいいけど…
私はようやくこの新しい環境に慣れてきたばかりというのに新しい学校にすっかり馴染んでいる息子を少し羨ましく思います
たぶんね お母さんもなかよしになれるよ!
私も…?

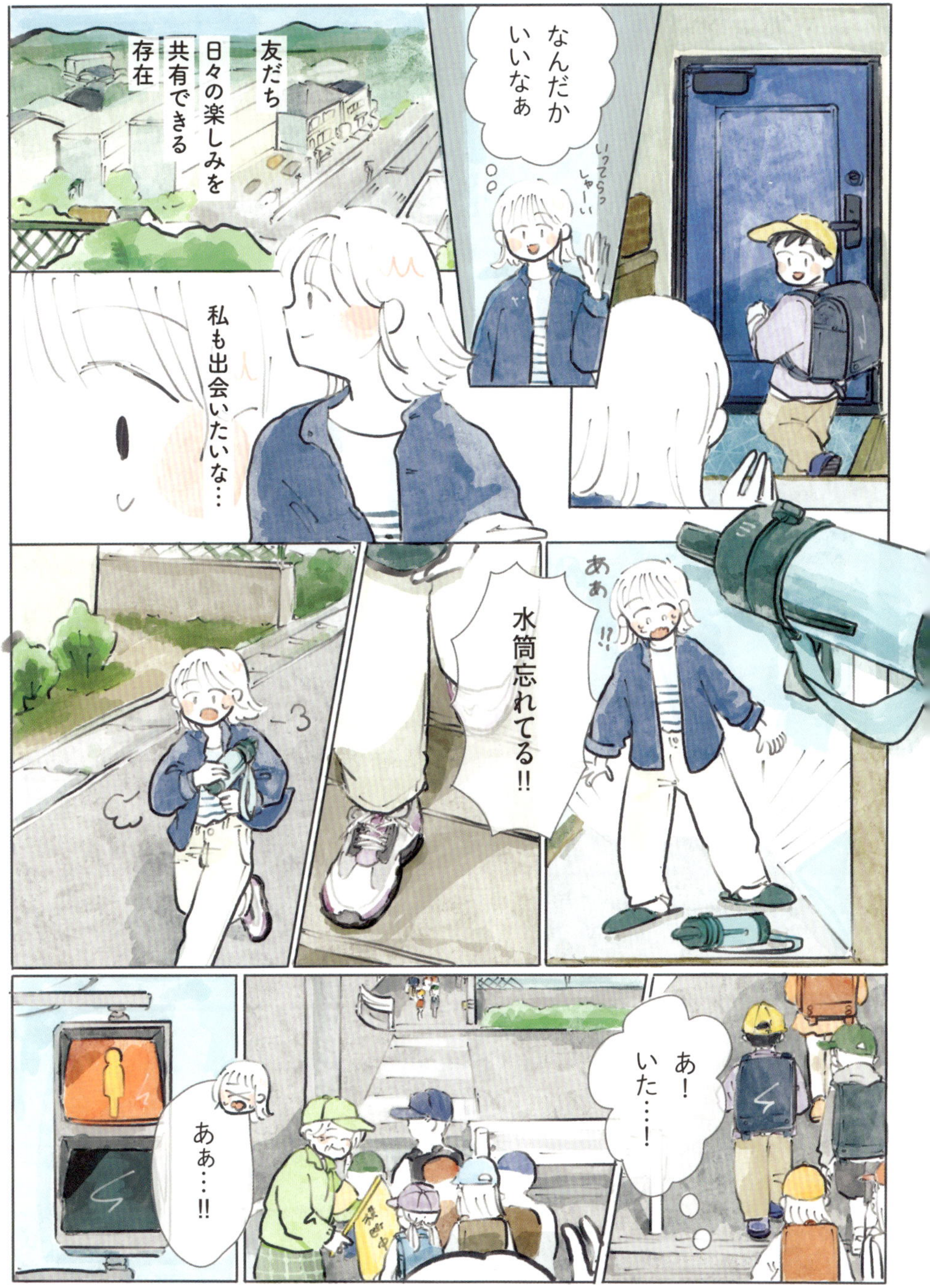
いってらっしゃーい
なんだか いいなぁ
友だち 日々の楽しみを 共有できる 存在
私も出会いたいな…
ああ !!
水筒忘れてる!!
あ! いた…!
横断中
ああ…!!

なかなか追いつけない…
その水筒はお届け物？
え…？
子どもたちについて小学校まで行くから先生に渡しておきましょうか？
え——と…
よくあることだから大丈夫よ
あ…ありがとうございますお願いしてもいいですか？
ほっ
横断中
素敵な雰囲気のマダムだな…

部屋に戻ればいつもの日常
「しなくちゃ」を追いかけつつも
小さな楽しみを
暮らしに取り入れることを
大切にしています

今日はおやつに
ホワイトチョコを使った
いちごのミルクプリンを作ります
まずは
いちごと砂糖を
合わせてレンジで
加熱し
即席のコンポートに
ホワイトチョコは
湯煎にかけます
ゼラチンを溶かした牛乳と
いちごのコンポート、
ホワイトチョコを
合わせて冷やし固めれば

春の優しい雰囲気に
ぴったりな
いちごのミルクプリンの完成
うん
美味しそう！
ガチャッ
おかえり
友だちつれて来たー！
えぇ!? 今日のことだったの!?
い
いらっしゃい——
ぼくの友だち！
節子さんだよ
へ!?

息子が無茶を言ったようで…すみません
朝もお世話になりました
まさか息子の友だちがこんな素敵マダムだったなんて…
私こそごめんなさいね驚かせてしまったみたいで
いつも下校のとき節子さんといろいろお話するんだ
ぼくたちなかよしだよね
可愛いお友だちができて私も嬉しいわ
実は少し前からお家に遊びに来て！って言ってくれていたのだけど…今日は——

節子さん
いちごはすき？
いっしょに食べよ～
――って可愛いお誘いを
もらってしまって
なんだか断れなくて
可愛らしい
マダムだなぁ
あの…
これホワイトチョコを使った
いちごのミルクプリンです
よかったら…
食べる～！
まぁ…！
いちごのプリン!?
お口に
合うといいんで
すけど…
今までひっそりと大切にしてきた
小さな季節の楽しみを
披露するようで緊張するけど
なんだか嬉しい気持ちもある…

ぱくっ
いちごがいっぱい入ってる！
ホワイトチョコの味も感じるわね
甘酸っぱくてまろやかで…春にぴったり！いちごの季節の素敵な楽しみ方ね
分かってもらえるって嬉しいな…
ありがとうございます
節子さんもしよかったら私ともお友だちになってください！
もちろんよ

Date 4 17

出会いの季節の

いちごとホワイトチョコのミルクプリン

材料（4個分）

いちご…180g
砂糖…30g
粉ゼラチン…5g
水…大さじ1
牛乳…220ml
ホワイトチョコ…40g
レモン果汁…小さじ1/2＋分量外

下準備

・いちごは一粒を半分もしくは4つに切っておく。
・粉ゼラチンに水を加えてふやかしておく。
・湯煎でホワイトチョコを溶かす。

作り方

1 大きめの耐熱ボウルにいちごと砂糖、レモン果汁（小さじ1/2）を入れてしばらく置いておく。いちごから水分が出てきたら電子レンジ（600W）で2分加熱する。全体を混ぜたら再度2分加熱してコンポート状にする。

2 鍋で牛乳（120㎖）を温め、ふやかした粉ゼラチンを加えたら顆粒が残らないようしっかりと溶かす。

3 ホワイトチョコに**2**を2、3回に分けて加え、ホワイトチョコと牛乳が馴染むようによく混ぜる。

4 残りの牛乳（100㎖）と**1**のコンポートのうち100gを加えて混ぜ合わせたら、カップに分けて冷やす。

5 残ったコンポートにレモン果汁（分量外）を加えてソースにし、食前にかける。

メモ

・粉ゼラチンは事前にふやかす必要のないタイプでも、事前に水と合わせておくことで馴染みやすくなります。ふやかす時の水の量や溶かす牛乳の温度はメーカーによって異なるのでご注意ください。
・トッピング用のソースは少し酸っぱく感じるくらいレモン果汁を加えておくと、プリン部分と食べた時のバランスが良いです。

第3話
スカーフと蒸籠

あっちは華やかで惹かれるし こっちは個性的でおしゃれですね！
いろいろあるからゆっくり見ていって
シャツ1枚で過ごすくらいがちょうどいい麗《うら》らかな春の日
節子さんがファッション小物の整理をしているところにお邪魔しました

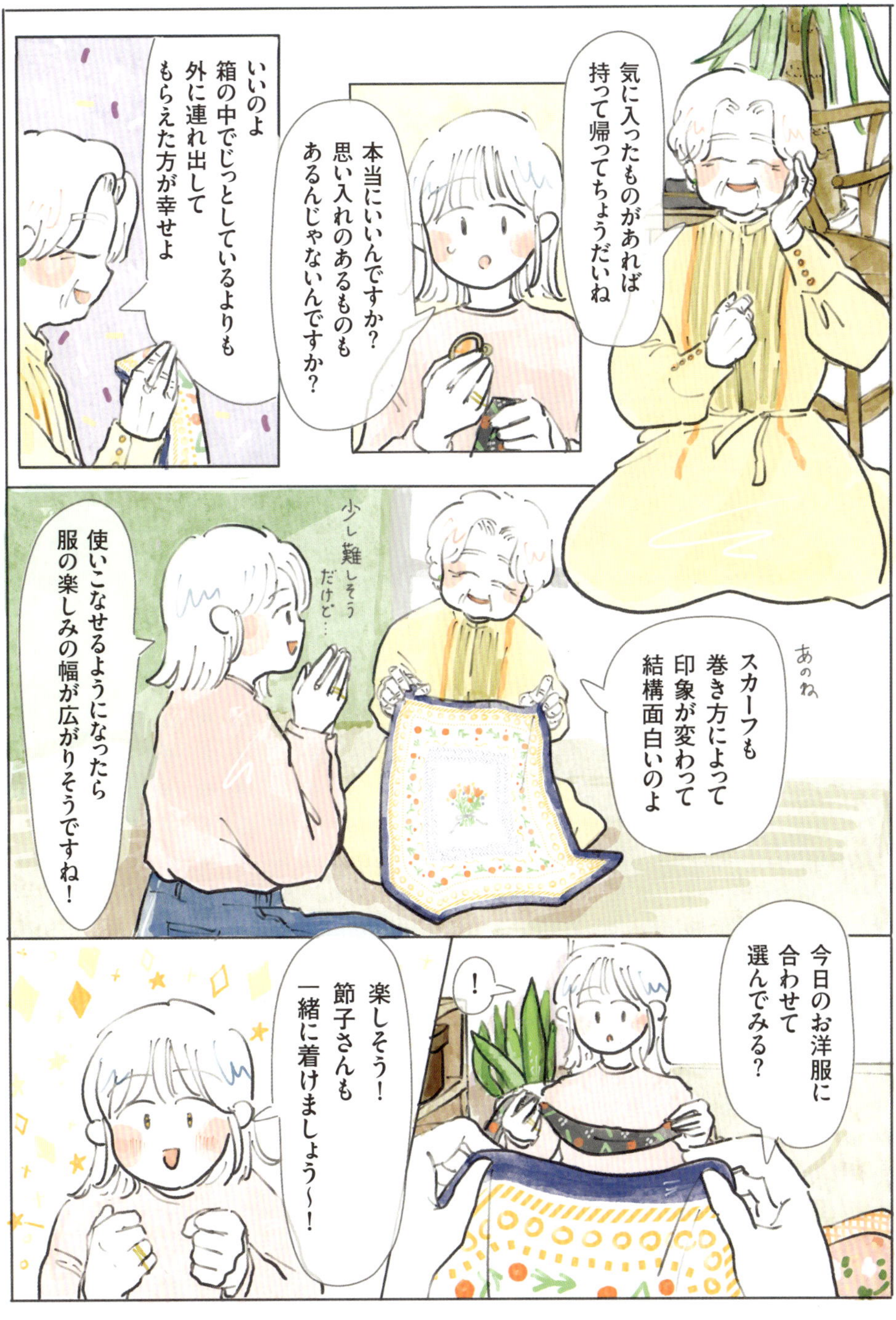
気に入ったものがあれば持って帰ってちょうだいね
本当にいいんですか？思い入れのあるものもあるんじゃないんですか？
いいのよ箱の中でじっとしているよりも外に連れ出してもらえた方が幸せよ
あのね
スカーフも巻き方によって印象が変わって結構面白いのよ
少し難しそうだけど…
使いこなせるようになったら服の楽しみの幅が広がりそうですね！
今日のお洋服に合わせて選んでみる？
！
楽しそう！節子さんも一緒に着けましょう～！

なんだか新鮮…！いつもの服も違って見えますね
とっても似合ってるわキコちゃん！
バッグに巻いてもいいし
ヘアバンドみたいに使うアレンジもいい
気持ちが明るくなった気がします！
春らしくスカーフで装いを華やかにするのもいいわね気分も上がるわ

この棚は片付いたわ ありがとう
こちらこそ ありがとう ございます！
もしよかったら お昼ごはんも 一緒にどう？
ぜひ！ 嬉しいです！
今日はスカーフを巻いたのにちなんで 蒸籠で蒸し春巻きを 作ろうと思うわ
蒸した 春巻きですか⁉
へぇー！
ライスペーパーで 好きな具材を 包みましょう

蒸籠蒸しに使うお湯を
沸かしている間に
準備をします
生のままでも食べられるもの
もしくは
火が通りやすい大きさに切った
具材を用意します
ライスペーパーを
水に浸けて
柔らかくしたら
好みの具材を
巻いていきます
春が旬の
スナップエンドウは
割って使うと
より可愛い
さぁ
蒸しましょう!

そろそろ…開けます！
ドキドキ…
ふわぁっ
わぁ！
いただきます
ん！
蒸したライスペーパーがぷるぷるもちもちになってて美味しい！
エビと野菜の食感の違いも楽しいわね
スカーフも蒸し春巻きも今日は嬉しい出会いがいっぱいです！
喜んでもらえて私も嬉しいわ

Date　4・28・

春を巻く日の

蒸し春巻き

材料（4個分）

ライスペーパー…4枚
スナップエンドウ…4本
むきえび…4匹
ミニトマト…2個
クレソン…20g
ベビーチーズ…2個
A　めんつゆ…大さじ1
　　オリーブオイル…小さじ1
　　レモン果汁…適量

作り方

1 ライスペーパーを1枚ずつ、水に20～30秒つけて戻す。
2 食べやすい大きさに切った具材をのせて巻く。
3 生春巻き同士がくっつかないように蒸籠もしくは蒸し器に並べて2～3分蒸す。
4 **A**を混ぜ合わせてタレを作る。

メモ

・巻く具材を変えてもお楽しみいただけます。火が通りやすいもの、もしくはそのままでも食べられるものがおすすめです。
・具材が多すぎるとライスペーパーが破れてしまうので、気持ち少なめに巻くようにしてください。

第4話

そよ風日和

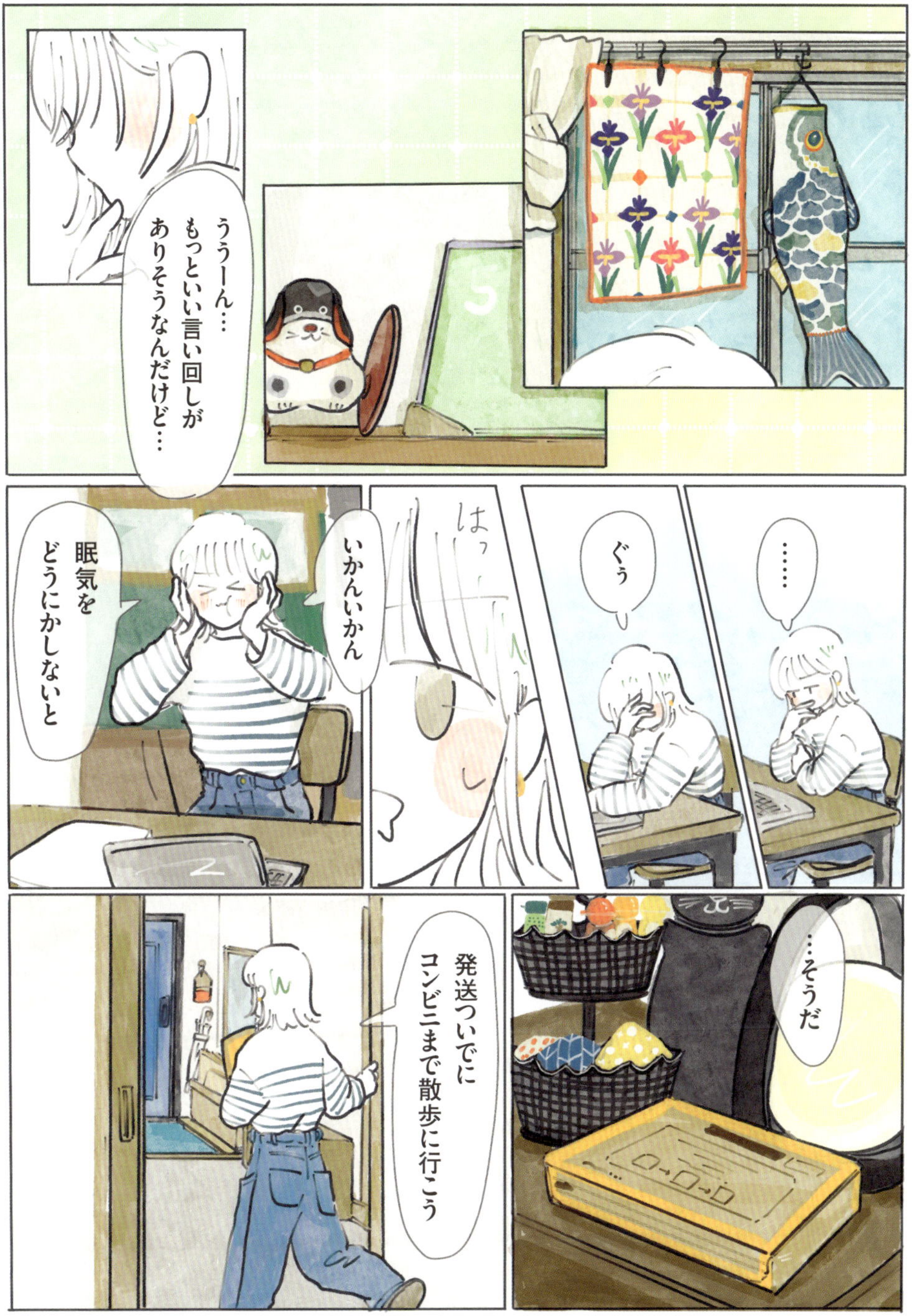
ううーん…
もっといい言い回しが
ありそうなんだけど…
……
ぐぅ
はっ
いかんいかん
眠気を
どうにかしないと
…そうだ
発送ついでに
コンビニまで散歩に行こう

気持ちのいい天気…
そよ風で揺れる若葉に陽が当たって鮮やかな黄緑色に輝きます
緑が眩しいってこういうことかぁ
発送お願いします

お
もうすぐ端午《たんご》の節句だもんね…
食べたくなってきた！
ピッ
柏餅
気持ちのいい日差しの中でも
しばらく歩けば段々と汗ばんできます
ただいま～
暑い～

お茶お茶～
冷蔵庫から取り出したのは
冷たい緑茶
綺麗な緑色が
出てる
節子さんが
お土産にくれた
深蒸しの煎茶
茶
朝のうちに
水出ししておきました

ぷはぁーっ
水の中ではゆっくりと
茶葉が開くので
まろやかさと甘みのある
緑茶になります
柏餅も食べよ
せっかくだから
小皿も緑ね

2杯目は
ちょっとアレンジ
薄切りにしたレモンを
浮かべます
ほのかなレモンの香りと
すっきりとした後味が
心地いい
さて
続きをしようか!
力強く美しい新緑が
私の背中を押してくれます

Date 6・12

レモン香る

冷たい緑茶

材料（500ml分）

緑茶の茶葉…5g

水（湯冷まし、もしくはミネラルウォーター）…500ml

薄切りにしたレモン…適量

作り方

1 ポットに茶葉と水を入れ、3時間以上冷やしておく。

2 茶こしでこして飲む。お好みで薄切りにしたレモンを浮かべる。

メモ

・茶葉によって抽出にかかる時間が異なるのでご注意ください。深蒸し茶は比較的短時間で飲めます。

・お茶のパックを使うのもおすすめです。

column

初夏の風物詩「梅仕事」

梅が手に入ったら
すぐに漬けられるよう
氷砂糖をスタンバイして
おきます！

5月末～6月の楽しみの
ひとつが 梅仕事。

梅干し、梅酒、甘露煮
などなど…。梅シロップ
は子どもから大人まで一緒に
作れて一緒に飲める！お気に入りの
手仕事です。

梅シロップの作り方

へた取り用の
つまようじ

青梅1kg　氷砂糖1kg　酢200ml

① 梅のへたを取って水で洗う。
表面に水分が残らないようによく拭く。

② 消毒したびんに梅と氷砂糖を
交互に入れて、最後に酢を回しかける。

密封びん
4ℓサイズで作ります
（事前に消毒しておく!）

③ 冷暗所に置く。
1日1回びんをゆすって全体を混ぜるようにする。

だんだんと梅から水分が出てきて氷砂糖が溶けていく様子を観察するのが楽しい!

約2〜3週間たって、氷砂糖が溶けてなくなったら完成! 梅は取り出してシロップだけで保存します。シロップを水や炭酸水で4〜5倍に希釈したら梅ジュースになります。

他にもいろいろ梅シロップの使い方

かき氷にかけるシロップに!

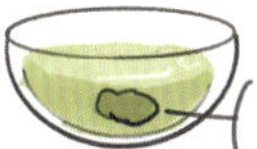

梅ゼリーに!

梅の果肉を入れてもいい♪

照り焼きなどの料理にも

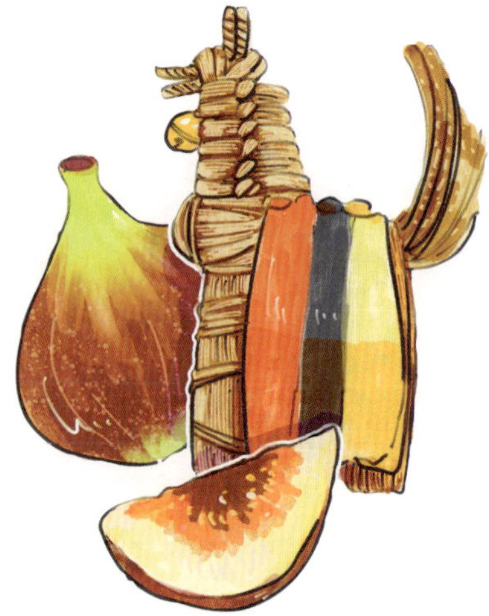

第2章

夏

夏至の頃、梅仕事もはかどって、梅雨が明ければ本格的な夏の到来です。七夕の願い事、土用の丑の日の鰻、海水浴や花火に夏祭り、お盆の帰省など行事も盛りだくさん。力強い日差しにもくもくと湧き上がる入道雲、蟬の声……夏のエネルギーを感じながら、涼しい気分を食で演出して、暑い夏をも楽しみます。

第５話
雨の日も特別に

紫陽花《あじさい》の開花とともに
始まった梅雨の季節
カラッ
少し窓を開ければ
雨の音が部屋の中に入ってきます
ザザーーッ
パッ
パッ
ピチャン
ピチャン

雨の日だけの
特別な音…
好き
だなぁ〜
癒やされる…
さて
そろそろ作りますか
今日は
近所の友人に
会いに行く日
手土産に用意するのは
透明で涼しげな
「水まんじゅう」
あんこを包むのが王道だけど
今回はフルーツも使って
よりキラキラとした
見た目にしたいと思います

6月は
和菓子の日が
あるからね
最近は
和スイーツな気分♪
生地は
葛粉《くずこ》
砂糖
水
とシンプル
あんこは丸めて
フルーツは小さめに
カットしておきます
フルーツ
まずは生地づくり
材料を混ぜ合わせたら
中火で
とろとろの
透明に
なるまで
加熱して
型に生地を入れて
あんこやフルーツを
押し込みます
きゅっと
丸めると可愛い

冷めるまで
待ちます
おっと
出かける
準備も
しなくちゃ！
雨の日も楽しみになる
コーデを組みましょう
カバンは
リュックで
両手を空けて

服は乾きやすいリネンのワンピース
イヤリングは
雨の日をイメージして
雫の形にしてみます
彼女はこういう
小さなおしゃれに
気づいてくれる
にこっ
準備オッケー！
水まんじゅうを
迎えに行こう

ことっ
おーー！
キラキラだ！
喜んでくれたらいいな
お気に入りの
レインブーツと
傘を持てば
雨の日だって特別になる

Date 6・21

透明感を楽しみたい

フルーツ水まんじゅう

材料（4～5個分）

葛粉…30g
砂糖…30g
水…200ml
あんこ…ひとつ10g程度
フルーツ（缶詰でも）…適量

作り方

1 あんこは丸めて、フルーツはカットしておく。
2 ボウルに入れた葛粉に水を数回に分けてそそぎ、よく溶く。さらに砂糖を混ぜ合わせてからこし器を通してフライパンに注ぐ。
3 中火でとろとろの透明になるまで絶えずかき混ぜながら加熱する。
4 水で濡らした容器またはラップに**3**を少しずつ分け入れる。押し込むように具材を乗せて、さらに**3**をかぶせる。
5 好みの形にして冷やす（冷蔵庫にいれると白っぽい見た目になるので、透明のままにしたい場合は氷水や保冷剤を使うのがおすすめ）。

第6話
夏の朝食会

おはよう
ございまーす
ガチャッ
おはよう
いらっしゃい
こんなに早い時間からで
大丈夫でしたか?
いいのよ
夏は太陽も
早起きなんだから

時刻はまもなく
午前7時
今日は
夏時間に合わせて
朝食会を開きます
お米だけは炊いておいたの
パカッ
いい
におい〜!
キッチンに並んで
準備をします

お野菜は焼く？蒸す？
うーん…
蒸すほうで！
じゃあ卵も一緒に蒸しちゃいましょう
へぇ！
蒸し器じゃなくてもできるんですね
ちょっとのときはこれでもいいのよ
キコちゃん
大葉を摘《つ》んでいただける？
お庭ですか？
その窓よ

ガラッ
わぁ〜！
3、4枚
お願いしますね
いただきます
大葉と茗荷《みょうが》を
細かく刻み
梅干しとごまと
共にごはんへ
混ぜ込みます
昨晩の残りだけど
冬瓜《とうがん》のスープはいかが？
いただきます！
デザートに梅ジャム
作ってきました

さぁさぁ
食べましょう

いただきます！
召し上がれ

ん〜
このおにぎり好きです！
大葉の香りが
いいわねぇ
このアスパラガス
柔らかくて甘い！
梅ジャムも甘酸っぱくて
ヨーグルトにぴったり
今の季節らしい
朝ごはんですね
夏を楽しまなくちゃね
ごちそうさまです
いい朝時間でした
よかったわ
余ったおにぎりは
ぼうやとパパに
持って帰る？
ありがとう
ございます〜

Date 7 24

薬味たっぷり
おにぎり

材料（4個分）

ごはん…お茶碗2杯分（約350g）
大葉…3～4枚
みょうが…1本
梅干し…お好みで1個以上
塩…適量
白ごま…適量
（炒りごまでもすりごまでも、もしくは両方でも）

作り方

1 大葉は軸を取り除いてから千切りに、みょうがは薄めの輪切りにする。梅干しは種を取り、包丁でたたいて細かくしておく。
2 温かいごはんと具材を全て混ぜ合わせてから、手に塩をつけておにぎりにする。

メモ

・炒りごまはプチプチとした食感が楽しめ、すりごまはこっくりとした味わいが加わります。お好みで加減してください。
・食べ応えがほしい時には天かすをプラスするのがおすすめです。

第7話
赤紫蘇色の夏パジャマ

ということで
これからは
パジャマです
ねぇねぇ
んー？なにー
そのパジャマって新しいの？
いやぁ前からもってたよ
…ちょっと派手すぎ？

似合ってる！
そうかなぁ
えー
すごくいいと思う
それにその色
あれみたいできれい！
あれ？
ぶどうジュースじゃなくてはっぱでこの前作ってたあれだよあれ…
葉っぱ…
ああ！
紫蘇ジュースじゃない？
そう！そう！
寝る前だけどちょっと飲んじゃう？
のんじゃう！

おー
本当に
赤い
ちょっとー、
落とさないでね…！
分かってる～
どーぞ
ありがと
ごく
ごく
あ～
さっぱりー！
身体に染みる～

あのはっぱから
どうやって作るの?
去年一緒に
作ったじゃない
覚えてない?
わすれた〜
使うのは赤紫蘇と
少しの青紫蘇
それから
砂糖とクエン酸
クエン酸
沸騰させた
お湯で紫蘇を
煮出します
ザルでこしたら
砂糖を加えて
もう一度
煮立たせて
粗熱を取ってから
クエン酸を入れる
よく冷ましたら
完成

このちょっとすっぱいのが夏バテ予防にもいいよ
じゃあ
しそジュースのんでそのパジャマでねたらさいきょーだね！
へ？
赤しそパワーで元気になる！
…そっかぁ
この服ってすてきなんだね
今の紫蘇ジュースが終わったらまた２人で作ってみる？
作る作る！
今度はクエン酸じゃなくてレモン汁にしてみよう〜

Date 8・3・

好みの加減で作る

赤紫蘇ジュース

材料（1リットル分）

赤紫蘇…150g（茎は取り除いておく）
青紫蘇…5枚程度
（あると風味がよくなるが、なくてもいい）
水…1リットル
砂糖…250g
クエン酸…13g
（もしくはレモン汁…大さじ4）

作り方

1 赤紫蘇、青紫蘇共によく水洗いして、茎を取り除いておく。
2 鍋に水を入れて沸騰させたら、紫蘇の葉を加えて煮出す（5分ほど）。
3 ボウルの上にザルをのせて赤紫蘇の煮汁をこす。
4 **3**を再び鍋に戻し、砂糖を加えて火にかけ、よくかき混ぜて溶かす。
5 粗熱が取れたらクエン酸もしくはレモン汁を加えて、よく冷ます。

メモ

・酸味のあるすっきりとした味わいにしたい場合はクエン酸がおすすめ。レモン汁を使うと酸味がまろやかになります。
・水や炭酸水で2倍ほどに薄めてお飲みください。

第8話

夏の終わりに思うこと

段々と夏の終わりに近づいてるわね
もー早過ぎて
困っちゃう
暑かったり忙しかったりで…
夏らしいこともあまりできないまま日々が過ぎた気がします…
夏らしいこと？
えーと花火とか海とかキャンプとか…？

ふふっ
キコちゃんには夏がいくつも必要そうね
へ?
大丈夫よ
暮らしの中に小さな夏はたくさんあったでしょ
それを大事にしましょ
はいっ
それに「ハンカチ」は夏の季語よ
へぇ!

いい感じにできましたね
このまま飾ってもすてき
楽しかったわ
乾かしてる間におやつを食べましょ
おやつ！
アイスを作ったの
TEA

はい
召し上がれ
わーい
アイス！
いただきます
中に入ってるのは
ドライフルーツですか？
ヨーグルトに
漬けておいたの
あとは生クリーム
アイス自体の
甘さは控えめだから
ドライフルーツが
アクセントに
なりますね

夏も終盤といえども…
まだまだアイスクリームが美味しいです！
私も家で作ってみたいです
作り方教えてください！
ふふっもちろん
まだ小さな夏は楽しめそうね
ちなみに「アイスクリーム」も夏の季語よ
へぇー！

Date 8.29

アイスクリームと
シャーベットの
間のような食感です

ドライフルーツの

ヨーグルトアイス

材料（2人分）

プレーンヨーグルト…150g
ドライフルーツ…30g
（マンゴー・レーズン・ミックスタイプ等お好みのもの）
砂糖…20g
生クリーム…100ml

作り方

1 オイルコーティングされているドライフルーツは湯通しして、十分に水気を切る。また、大きなものは1cm角くらいに刻んでおく。
2 ヨーグルトにドライフルーツ、砂糖を混ぜ合わせて1晩～1日ほど置く。
3 大きめのボウルを使い、生クリームをゆるくツノが立つまで泡立てる。
4 **2**を**3**のボウルに加え、ゴムベラで底からすくうように混ぜ合わせる。
5 保存容器に移し、冷凍庫で冷やす。1～2時間経ったら一度全体をかき混ぜ、さらに冷やして完成。

メモ

・甘さを強くしたい場合、生クリームに加える砂糖を増やすと、うまくホイップできないことがありますので、ヨーグルトに足してください。

column

気持ちもすっきりする
「掃除」

湿気や暑さで気分が下がる日は、固く絞った雑巾にハッカ油を1~2滴垂らして床を拭きます。汗でベトつきがちな床が綺麗になるうえに、ハッカの爽やかな香りが部屋に広がって、気持ちもスッキリします。

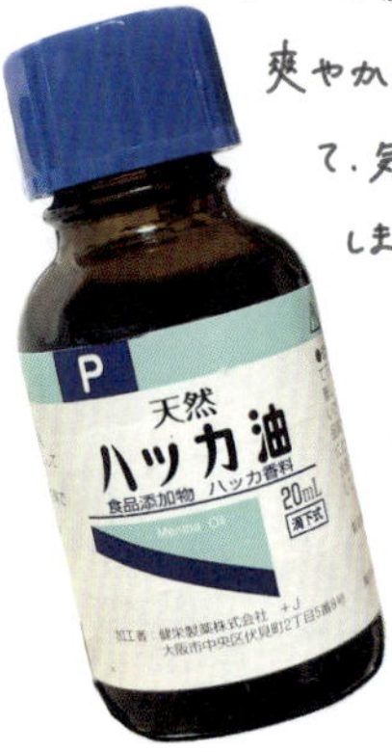

あると便利な!? 室内用のほうきとちりとり

床を拭く前にさっとごみを集めます。小さめのほうきは思い立ったときにすぐに使えて便利。紙製でしなやかなちりとりはぴたっと床に沿わせることができます。

ハッカ油のおすすめの使い方

ハッカ油のマスク

花粉の時期や夏に。マスクケースにハッカ油を垂らしたティッシュを入れておくと、マスクにハッカの香りが移って鼻がスッキリします。

第3章 秋

だんだんと日が短くなり、乾いた風に秋を感じる瞬間が増えていきます。秋の夜長のお月見や読書の時間など、しっとり落ち着いた時が流れるのも秋ならでは。さつまいもに栗、かぼちゃや梨にりんご、新米、鮭など、旬を味わう楽しみが増える収穫の季節。いつの間にか色づいた銀杏や紅葉、夕暮れに聞こえる虫の声に、季節の変化を感じます。

第9話

キッチンの衣替え

おつかれ！
これで心置きなく夏を終われる！
さてさて…
次はお楽しみのクッキングタイムです
秋のいちじくさん〜
今日は今が旬のいちじくを使ってマフィンを焼きます

いちじくに
合わせるのはチーズ
どちらも
1cm角くらいに
しておいて
この
組み合わせが
最高なんだよねぇ
生地の材料を
混ぜ合わせる
ホットケーキミックスで
お手軽に
ぼふっ
具材のいちじくと
チーズを加えて
型に分け入れたら

余熱しといたオーブンで焼きましょう
待ってる間に…
スタート
キッチンから秋を迎える
準備をしよっか

透明感ある
涼しげな器から
ぽってりと
厚みある器へ
入れ替えます
スープ用の
木のスプーンも
お手入れしとこ
素朴さが愛おしい
木製カトラリー
ヤスリをかけて
エゴマ油を塗り込み
乾かします
お

いー
におい！
コーヒー淹れよ！
いただきます！
んん――――！
おいひぃ
いちじくとチーズの
組み合わせがたまらない～

甘いとしょっぱい
過ぎ行く夏と
待望の秋
混ざり合ってる
今が好き
ガチャッ
ただいま〜!!
ん
おかえり‥

Date 9. 15.

秋のはじめの

いちじくマフィン

材料（6個分）

いちじく…2個
ベビーチーズ…2個
ホットケーキミックス…150g
卵…1個
砂糖…10g
塩…ひとつまみ
米油…30mℓ
ヨーグルト…100g

下準備

オーブンを180℃に熱しておく。

作り方

1 いちじくの皮を剥き、中央の辺りからトッピング分の薄い輪切りを6枚取り分けて、残りは1cm角に切る。ベビーチーズは全て1cm角に切る。

2 ボウルに卵を割り入れ、砂糖、塩、米油、ヨーグルトの順に加え、その都度泡立て器でよく混ぜ合わせる。

3 ホットケーキミックスを加え、底からすくい上げるように、少し粉っぽさが残る程度に混ぜる。

4 **1**で1cm角にしたいちじくとチーズを加え、全体に行き渡るようになじませる。

5 **4**を型に分け入れたら、**1**で取り分けたトッピング用のいちじくをのせて、180℃に熱したオーブンで25分ほど焼く。

メモ

・ベビーチーズはプレーンタイプの他、カマンベール入りやクリームチーズ入りなど、お好みのものを選んでください。
・細かく切ったベーコンを加えるアレンジもおすすめです。

column

秋を感じる「お月見」

秋の月夜を楽しむイベントといえば十五夜。旧暦の8月15日を基準にしているので、毎年日は変わりますが、お月見団子やススキを用意して月を愛でる時間は秋の到来を感じます。

十五夜にほぼ満月の月夜を眺めたら、少し欠けた月になる十三夜（旧暦9月13日）も楽しむのが風流なんだそう。

十五夜には15個
十三夜には13個の
お月見団子を重ねます
✿年間の満月の数で12個か13個（閏年）のこともあります。

お月見に添えたい 秋の七草
萩《ハギ》
葛《クズ》
藤袴《フジバカマ》
女郎花《オミナエシ》
尾花《オバナ》
撫子《ナデシコ》
桔梗《キキョウ》

第10話

手を抜いてるんじゃない

珍しいね
お団子？
お月見コーナーにあったんだ
あら
…キコちゃん？
こんばんは！
こんな時間に珍しいですね
そうなの 俳句の会があって遅くなっちゃったからお惣菜買って帰ろうと思って
ほっ
！ 私もです！
とりあえずサンマの塩焼きにしたんですけど…
あとはどうしよっかなって

いい案があるわ
…もし
よかったらだけど
うちで一緒に
食べない?
ええ!
いいんですか!?
行かせて
いただきます!
たのしそー
パパさんの分は
持って帰る?
今日は食べて
帰ってくるらしくて~
サンマの塩焼き
かぼちゃサラダ
お団子に食パン…

そしてこちらが
ホットサンドメーカー
福引で当てたものなんだけど
最近のマイブームなの
へぇ！
かぼちゃサラダに
チーズをのせて
買ってきたお惣菜と
家にあるものでホットサンドを
作りましょ
ほぐした
サンマと
大葉を
合わせて
サンマには目玉
焼きをのせても
美味しそう
私
焼きます！
やる気
出てきた

開けまーす！
つぎは おだんごね
秋の ホットサンド！
さぁ 灯りを点けて
お庭で 食べましょ

ホットサンドでお月見ですね！
いただきます
うーん
サンマと大葉に卵がからんで美味しい
かぼちゃサラダは秋の定番ね
ぼくのはお月見にぴったりだよ
美味しいもの食べて月を眺めて…
なんと幸せな秋の夜

Date 9.30

秋を頬張る

ホットサンド

サンマサンド

材料（1個分）

8枚切り食パン…2枚
サンマの塩焼き …1/2匹
大葉…4枚
目玉焼き…1個
オリーブオイル…適量
塩、胡椒…少々

作り方

1 サンマの塩焼きは身をほぐしておく。
2 食パンに大葉、サンマ、目玉焼きの順に重ねる。
3 オリーブオイルをひと回しかけ、塩胡椒を振ってから、もう一枚の食パンをのせてホットサンドメーカーで挟んで焼く。

あんこサンド

材料（1個分）

8枚切り食パン…2枚
あんこのお団子…お好みの量
有塩バター…3g程度

作り方

食パンにあんこのお団子とバターをのせて、もう一枚の食パンで挟んで焼く。

かぼちゃサンド

材料（1個分）

8枚切り食パン…2枚
かぼちゃサラダ…お好みの量
ベビーチーズ…1個
（クリームチーズ入りがおすすめ）

作り方

食パンにかぼちゃサラダを広げ、チーズをところどころに散らしてから、もう一枚の食パンで挟んで焼く。

ホットサンドメーカーがないときに

菜箸で折り目をつける

フライ返しで押さえながら両面を焼く

気に入ったサンドイッチペーパーやペーパーナプキンがあるとより楽しい。

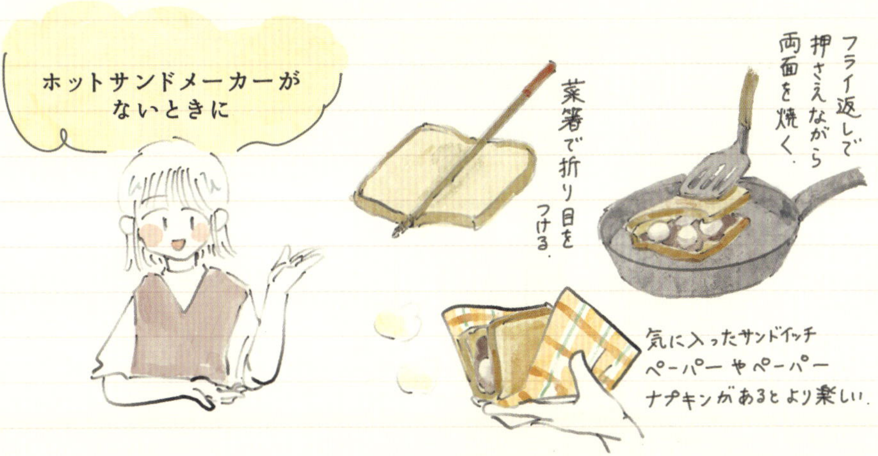

第11話

2週間後の楽しみ

彼女が選んでくれたのは北欧の児童文学『ミオよ　わたしのミオ』
私この方のお話が好きなのよねぇ
フフッ
70年以上前のファンタジー作品よ
そういえば落ち着いて本を読むなんて最近してなかったかも…
文字を追えるのかしら
——そんな気持ちで読み始めたものの
あれよあれよといううちに
本の世界に入り込んでしまったのです

出典『リンドグレーン作品集13』（岩波書店）

一旦ページをめくる手は止めたけど
ちょっと待ってて
早く続きを読みたい！
ガサ
ゴソ
こんなときに役立つ
私のへそくり冷凍
あったあった
パンケーキじゃないけどね
大豆と雑穀を入れた炊き込みご飯で作った素朴なおにぎり
解凍するだけでもいいけれどひと手間かけると最高に美味しくなる
ボッ

ごま油を少しひいた
フライパンで焦げ目をつけて
焼きおにぎりにするのです
地味！
でもそれがいい
朝多めに切って
残しておいた梨と
即席のお味噌汁とともに
いただきます
みそ

香ばしく食感が楽しい
焼きおにぎりは
どこか懐かしい味
インスタントだって
汁物があると
ほっとする
好物の梨は
秋の間に
いろんな品種を
食べてみたい
よく食べたー
満たされたら
また
読書を再開
――本の中で私が
感じたことや考えたこと
あなたに
伝えられる日が
楽しみです

Date 10 16

素朴さが好きになる

大豆と雑穀の焼きおにぎり

材料（約10個分）

米…2合
大豆（水煮）…80g
押麦…40g
黒米…小さじ2
白ごま…小さじ2
水…2合の目盛り＋100ml
ごま油…適量

A | 醤油…大さじ3
酒…大さじ3
みりん…大さじ2

作り方

1 米をといで炊飯器に入れる。
2 Aの調味料を全て入れてから水を注ぎ、ひと混ぜして全体を馴染ませる。
3 大豆や雑穀を加え、10〜20分置いてから炊飯する。
4 炊き上がったら全体を混ぜておにぎりにする。
5 ごま油を引いたフライパンで、こんがりと焼き目がつくまで焼く。

メモ

・おにぎりはよく冷ますか、一度冷凍してから焼くと崩れにくいです。
（冷凍した場合は電子レンジ等で解凍してから焼いてください）
・押麦や黒米はお好みの雑穀に替えても作れますが、水分量は使うものに合わせて加減してください。

第12話
赤色の偶然

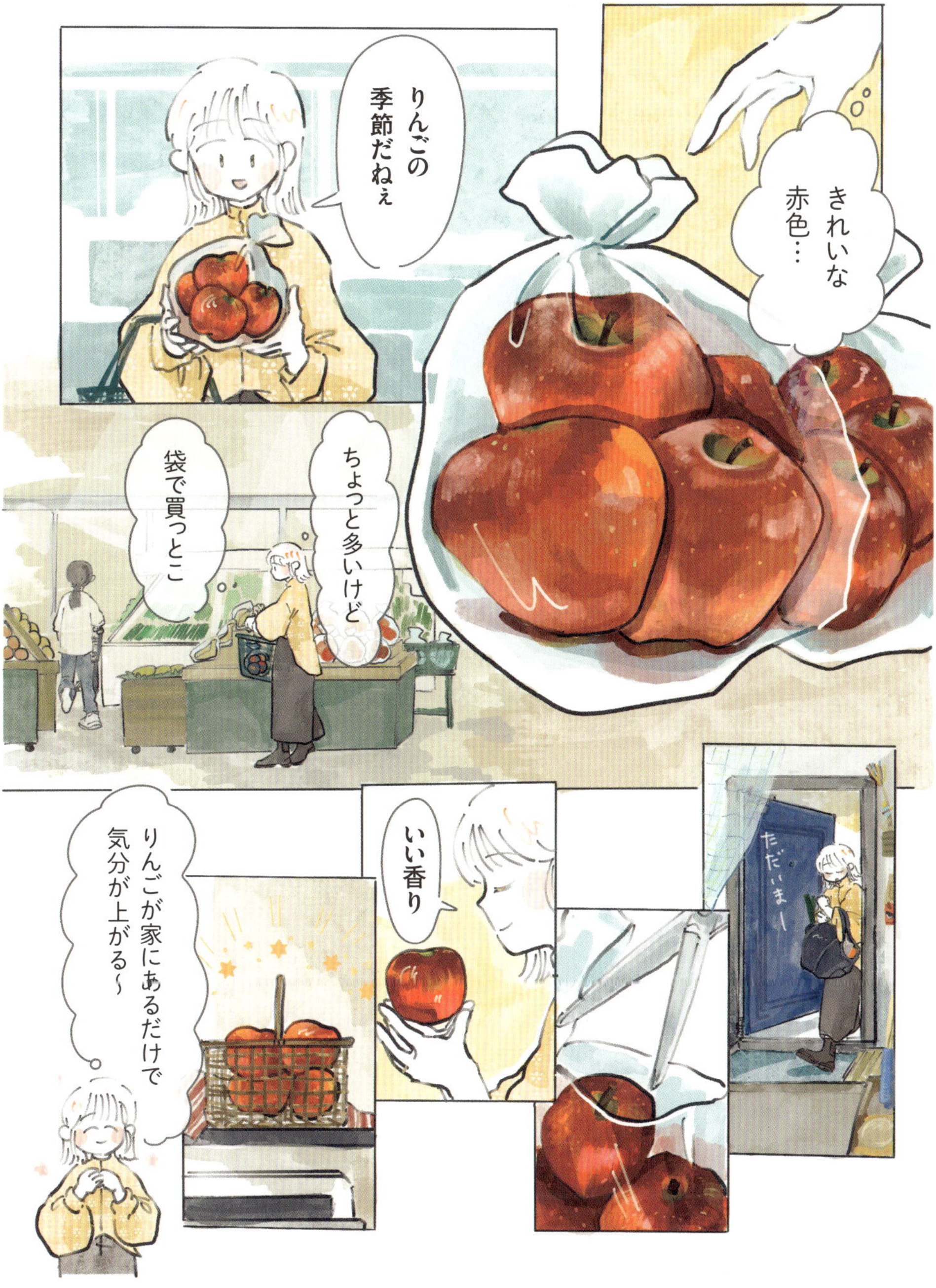
きれいな赤色…
りんごの季節だねぇ
ちょっと多いけど
袋で買っとこ
ただいまー
いい香り
りんごが家にあるだけで気分が上がる～

ガチャッ
ただいまー！
さっき節子さんに会ってさー りんごもらったよ！
え！
予想外に増えた赤色
こういう偶然は互いに引き寄せるものなのか…
ただいまー 今日会社でさー
ええ!?
りっ
りんごの山ができてしまったー!!

さすがに全部は
そのまま食べきれ
そうにないな…
うーむ
――よし
煮ちゃおう！
よく洗ったりんごは皮を
むいて8等分に
後で皮も使うから
捨てずにおいて
切ったりんごに砂糖とレモン果汁
それから
紅茶の茶葉を振りかけて
全体を馴染ませたら
しばし休憩

りんごから水分が出てきたら
取っておいた皮と一緒に火にかけます
煮崩れないようあまり触らない
部屋に広がる
甘酸っぱくて芳醇な香り
水分がなくなりりんごの端が透き通ってくれば完成
節子さんにもお裾分け

バニラアイスを添えて
より愛おしく
ポットに紅茶を
たっぷり淹れて
りんごの
紅茶煮は
いかが
ですかー？
ほんのりと
紅茶の香り
をまとった
りんごに
すくい取った
アイスをのせて
口に運びます

こ
とろりとやさしい味！
アップルティーのような香り
これぞ至福！
りんごの甘酸っぱさとアイスのクリーミーさが合います！
うんうん
おかわりある!?
あるよ！
突然現れたりんごたちは我が家に美味しい晩秋の味を届けてくれたのです
明日は煮りんごでアップルパイ♡

Date 10・28・

晩秋の
りんごの紅茶煮

材料（りんご2個分）

赤りんご…2個
砂糖…大さじ2
レモン果汁…小さじ1/2
紅茶の葉…小さじ2/3
（お好みのもの）
水…60ml

作り方

1 りんごの皮をむいて8等分する。皮は後で使うので取っておく。
2 ボウルに入れたりんごに砂糖とレモン果汁、紅茶の葉をふりかけて馴染ませる。
3 20分ほど経ったら出てきた水分も含めてフライパンに移し、重ならないよう並べたら、皮と水を足して火にかける。フライパン全体に熱が回ったら弱火〜中弱火にして、フタをした状態で３分加熱する。
4 ３分経ったらフタをとり、りんごの上下を返したら火を強め、水分を飛ばして完成。

メモ

- りんごは皮の赤色が濃いものを使うとピンク色に仕上がります。煮詰めるときに皮を絞るようにトングなどで押さえると色が出やすくなります。
- レモン果汁は変色を防ぐために入れますが、分量はりんごの種類によって調整してください。また、紅玉のように酸味が強いものは入れなくてもよいです。
- 茶葉はすり鉢などで細かくしておくと、食べたとき舌触りが気になりにくいですが、茶葉を入れず作ることもできます。

column

味もいろいろ
「煮りんご」

秋になって、りんごが店頭にたくさん
並ぶようになると作りたくなります。

同じ手順でりんごを煮ている
つもりでも、使う品種や
個体差で仕上がりが
若干変わるのが面白い！

温かくても冷たくても
美味しくいただけます。

りんごいろいろ

秋映
akibae

バランスのいい味
少し黒っぽい赤色

紅玉
kogyoku

お菓子作りに最適で加熱向き
酸味が強いので砂糖は
多めに使う

皮も一緒に煮ると
果肉がピンク色になる

ふじ系
fuji

砂糖少なめで煮る
水分が出るので足し水は
少なめ or なし

シナノスイート
shinanosweet

果汁多めなので足し水は
少なめ or なしで煮る
甘みが強くて酸味が弱い

アルプス乙女
Alps otome

直径5cmくらいの
ミニサイズながら
果汁もある美味しい
りんご

煮りんご味変

砂糖多め
バター追加
水分なし

リッチバージョン

シナモンや
カルダモンの
ちょい足し

スパイシーバージョン

第13話

冬はすぐそこに

朝晩が冷える
ようになったら
ずり
ずり
はじめる
冬支度
クッション　ブランケット
あったか靴下
寒いのは苦手だけど
私の可愛い
もこもこたちの
出番が来るのは
楽しみです
今日は
ちょっと
アツイ

次は夜の灯り
長くて寒い夜も
光を灯せば
あたたかな
気持ちに
なります
お気に入りのキャンドルと
キャンドルウォーマー
LED
キャンドルも
使いやすくて好き

設置完了!
さあひと休み
冬の装いに惹かれて買ったコーヒー豆を開けてみます
深煎りの豆…キャラメルみたいな甘くて苦い香り
Winter Dark Roast Coffee
濃いめに淹《い》れたコーヒーに温めた牛乳をたっぷり注ぐのが冬の私の定番です
仕上げに砂糖やシナモンをちょっとかける
美味しいコーヒーには美味しいお供が必要
コーヒーに合うおやつ?! キャラメルとー シナモンとー

ほんのりスパイシー
キャラメルナッツを作りましょ
煎《い》ったナッツをボウルに移して
シナモンを振りかけます
お好みでナツメグやこしょうを入れても
フライパンに砂糖と水を入れて煮立たせたらナッツを戻して手早く全体を混ぜ合わせます

キャラメル色になったらコーヒーに合うほんのりスパイシーなキャラメルナッツの出来上がり
ポリポリ
カリカリ
うーん
手が止まらない
寒くて暗い
だけどあたたかくてわくわくする
冬はもうすぐ

Date 11・7

ほんのりスパイシーな キャラメルナッツ

材料（50g分）

素焼きミックスナッツ…50g
水…大さじ1
グラニュー糖…大さじ1½
スパイス…お好み
（シナモン、ナツメグ、胡椒など）

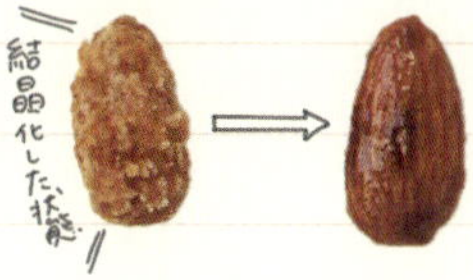

作り方

1 ボウルにミックスナッツを入れ、シナモンなどのスパイスを振りかけておく。
2 フライパンに水を入れ、水に重ねるようグラニュー糖を加える。フライパンをぐるっと回しながら、そっと全体を馴染ませる。
3 中火にかけ、全体がフツフツとしっかり沸き立つまで待つ。
4 1を全てフライパンに加え、ナッツと砂糖が絡むように木べらで手早くかき混ぜる。
5 砂糖が結晶化して白っぽくなり、その後再び溶け出してカラメル色になるまで絶えずかき混ぜる。砂糖の大部分がキャラメル色になったら火を止め、余熱を利用してさらに溶かす。
6 クッキングシートの上にナッツを広げて冷ます。

メモ

・使用するスパイスの種類や量を気分によって変えてみると楽しいです。
・砂糖の種類を変えて作ると結晶化しないことがありますが、キャラメルの色や香りが十分だと思ったら加熱を止めてください。焦がし過ぎにご注意！

第4章

冬

寒さ深まる頃、冬至のゆず湯やクリスマスの飾りつけを楽しみ、シュトレンやビュッシュ・ド・ノエルといった特別なスイーツに胸を躍らせ、お正月飾りやおせち料理など新年の準備をしているうちに、師走はあっという間に過ぎていきます。鍋料理に欠かせない白菜や水菜、ブリやふぐ、本まぐろも旬を迎えます。

第 14 話
私たちは今日も…

できた！
してみたいと思ってたことを叶えられて満足です!!
ぐううう
正直な私のお腹…
ふふ
次はキコちゃんのお腹を満たしてあげなくちゃね
お昼にしましょう！
何がいいかしら
スーパーの近所にできたパン屋さん知ってます？
あら！知らないわ
おいしいんですよ！お昼にどうです？

じゃあパン買ってくるんで
待っててください！　節子さん
本当にいいの？
お任せしちゃって
はい！
歩いて行っても
すぐですよ
ありがとう
私はスープを
作っておくわね
気をつけてね
はーい
時間をかけずに
さっと作れて
ほっこりあたたかな
気持ちになれる
「カブのポタージュスープ」
を作ります

まずはカブ
——ではなくて
洗ったお米と水を合わせて
レンジで温めます
とろみづけにね
待っている間に切り物
カブ
玉ねぎ
ベーコン
カブと玉ねぎは
繊維を断つように
切ったら
お米の上に重ねて
入れて
再びレンジで加熱
カブの葉とベーコンは
トッピング用
1cmを目安に切ります
こちらは
さっと炒めて
塩コショウで味付け
なくてもいいけど
あると満足度が
上がるのよ

火傷に気をつけて
取り出したら
味付けをしながら
粗熱を取ります
さぁ
あと少し
ブレンダーで
滑らかなクリーム状に
牛乳を加えて
塩で味を調えれば
ポタージュの完成
ミキサーでもいいよ
食べる前に温め直してね
ガチャッ
ただいまです〜

お帰りなさい
キコちゃん
おすすめの
全粒粉パンと
チーズフランス
です
食パンは
朝食にでも～
カブの葉とベーコンをのせて
粉チーズとコショウをかけたら
いただきます
カブのポタージュスープ!?
はふっ

んーー!
カブの甘みが わかります! 優しい味ですね
とろっ
シンプルなパンが おいしいパン屋さんに 出会えると嬉しい
トッピングの具材と 一緒に食べると 塩気が増すの
私たちは 今日も ほっこり
パンとクリーミーなスープの 組み合わせが幸せ〜
いっぱい 食べてね

ほっこりしたい

カブのポタージュスープ

材料（2人分）

カブ…2個
（皮付きの状態で350gほど）
玉ねぎ…1/2個
生米…小さじ2
水…100ml
ブロックベーコン…30g
カブの葉…1個分
塩、胡椒…少々
A ｜バター…10g
　｜コンソメ…小さじ1
牛乳…150〜200ml
塩…ふたつまみ程度
粉チーズ、胡椒…お好み

作り方

1 大きめの耐熱ボウルに生米と水を入れてふんわりとラップをしたら、電子レンジ（600W）で8分加熱する。

2 カブと玉ねぎの皮を剥き、それぞれ繊維を断つように薄切りにする。カブの葉は1cm幅に、ベーコンは1cm角に切っておく。

3 **1**を取り出したら玉ねぎ・カブを上に重ね、再びふんわりとラップをして電子レンジ（600W）で8分加熱する。

4 油（分量外）を引いた鍋でカブの葉とベーコンを炒める。塩胡椒をして、別皿に取り出しておく。

5 **3**を電子レンジから取り出し、**A**を加え混ぜ合わせながら粗熱を取る。

6 ブレンダーやミキサーでポタージュ状にして、**4**で使った鍋に移す。牛乳を加え、中弱火で温めつつ、塩加減を調整する。

7 スープ皿にポタージュを注いでから、取り出しておいたカブの葉とベーコンを真ん中に盛り付ける。

8 お好みで粉チーズと胡椒をトッピングする。

メモ

・生米の代わりに炊いたご飯で作るときは、大さじ2を入れてください。

第15話

ホリデーの贈り物

忙しい時こそ
一息つく時間を取って
気持ちを休めてね
節子さぁん
これはぼうやに
節子さんに
もらった包みに
入っていたのは――
赤ワイン
りんごジュース
みかん
スパイスの入った瓶
それからホットワインのレシピ
Apple
Rouge

まず小さめの鍋に
ワインとりんごジュースを注ぎます
皮を剥《む》いたみかんは
輪切りにしてから
小さめに分けて
スパイスやはちみつと
一緒に鍋に入れます
あとは中火にかけるだけ
Apple
沸騰直前になったら
弱火に落とし
5〜10分ほどふつふつ
煮たら……

身体も心も温まる
ホットワインのできあがり
フルーティさが
増して甘くて飲みやすい
このひとときは
確かに
最高のプレゼントです……

Date 12 14

くつろぐ時間の

ホットワイン

材料（1人分）

赤ワイン… 150ml
りんごジュース…80ml
みかん…1/2個
はちみつ…小さじ1
シナモンスティック…1本
スターアニス…1個
ホールカルダモン…3粒
ピンクペッパー…適量

作り方

1 みかんの皮をむいて、輪切りにしてから8等分に切る。
2 鍋に全ての材料を入れて中火にかける。
3 沸騰直前で弱火に落とし、5～10分加熱する。

メモ

・赤ワインは渋みの少ないライトボディかミディアムボディがおすすめです。
・スパイスの種類や分量はお好みで調整してください。クローブ、生姜、ブラックペッパーなどもおすすめ。ホールスパイスは折ったり、切れ込みを入れたりすると香りが出やすいです。
・加熱しますがアルコールの成分が残るので、ご注意ください。

第16話

いい年になりますように

我が家のお雑煮準備
ブリの切り身
ほうれん草
ごぼう
にんじん
かまぼこ
ひと口大に切ったブリは塩麹に漬けて
ほうれん草は下茹でして使いやすい大きさに切る
ささがきごぼう
こちらは端がカリッとするくらいに炒めます

にんじんとかまぼこは
「いい年になりますように」
と願いを込めて
飾り切り
よしっ
これも出しとこ
新しい焼き網は
明日のお楽しみ
お餅焼くぞ〜

さて
ここからは
毎年恒例
新しい年のための
手帳
タイムだ〜!
新品の手帳に
私の背筋も
伸びます
一筆めはちょっと
ドキドキする
今夜書くのは
新たな一年の
希望や願いごとを
集めたページ
自分にとっての幸せを
見つけるときの
指針になってくれます

ラジオに送った ハガキが読まれる
玄関に似合う たぬきの置物に 出会う
春に チューリップを飾る
特別なことや 大きな夢で なくてもいいから 叶ったら 嬉しいことを 書き出します
目指すは 100個！
お気に入りの カレー屋さんを 見つける
季節の果物を 使ったジャムで トーストを食べる
誰かが美味しいお肉を 贈ってくれる
99・100… できた！
食への 願いが強い…
お蕎麦 食べる？
ありがとー
集まった希望を抱えて 眠りにつきます
お先に おやすみ～

かまぼこ
ごぼう
ほうれん草
にんじん
ブリ
あさりの佃煮
おお～
幸せな焼き目～
あけまして～
おめでとぅ…
さぁ
お雑煮食べよ

出汁の香りと
お餅の香ばしさが合わさって
食欲をそそります
のび
ブリの身は柔らかく
親しんできた味に
ほっとする
かまぼこ
かわいいね
19.
20.
21.
22. 新茶を
23. 苺の食べ比べ
24. 焼き網でお餅
25. 枇杷の花と
特別なことはない
けれど
それが幸せだと思う
一年のはじまり

Date 1 1

新年を祝う

ブリのお雑煮

材料（2人分）

ブリの切り身…2切れ（120g程度）
餅…お好みの個数
ほうれん草…1/2束
ごぼう…1/2本
にんじん…1/2本
かまぼこ（1cm幅の薄切り）…4枚
アサリの佃煮…お好み
鰹節…お好み
塩麹…ブリの重さの1割
お好みの出汁…400ml
醤油…小さじ2
塩…適量

下準備

ひと口大に切ったブリを塩麹に漬けて冷蔵庫で一晩置く。

作り方

1 ほうれん草はよく洗い、茹でて水で冷やしてから食べやすい大きさに切る。
2 ごぼうはささがきにして水にさらした後、油（分量外）を引いたフライパンで端がカリッとするくらいに炒める。
3 にんじんは5mm幅に、かまぼこは1cm幅に切り、好みで飾り切りにする。
4 ブリは塩麹を落とすように湯通しする。
5 鍋に出汁を沸かし、にんじんが軟らかくなるまで煮る。にんじんが軟らかくなったら、醤油と塩を加えて味を調える。
6 お餅を焼いたら、お椀にブリ、ほうれん草、ごぼう、にんじん、かまぼこと共に盛り付ける。おつゆを回しかけ、アサリの佃煮と鰹節をお好みの量トッピングする。

メモ

・茹でたお餅を入れるときは、出汁の鍋とは別に湯を沸かして茹でてください。

column

お祝いを彩る
かまぼこ飾り切り

紅白のかまぼこは「日の出」をイメージさせる縁起物としておせち料理にも使われます。飾り切りにすれば、ぐっとお皿の上が賑やかになります。

おせちやお弁当にぴったり

\お正月やお祝いのときに/

かまぼこの飾り切り

① 手綱

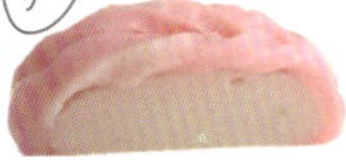

- 10mm幅に切る。
- 皮をむくような感じで白とピンクの間を切る。（$\frac{1}{3}$程度残す）
- 縦中央に長さ20mmくらいの切り込みを入れて、片端を切れ目に通してねじる

② 結び

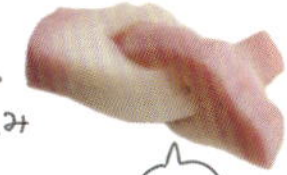

- 15mm幅に切る。
- 3箇所に切り込みを入れる。
- 真ん中の切り込みに上下の端を通して結ぶ。

無心になって量産しちゃう

③ 蝶々

2匹ずつ作れる

- 10mm幅に切り、さらに縦に半分に切る。
- 箸1本分の厚さを残して切り込みを入れる。（切らない）
- ピンクの方から切り込みを入れ、互い違いになるように反対からも切り込みを入れる。（触覚）
- かまぼこを開いて切り込みに触覚部分の根元を押し込むようにする。

④ 葉飾り

華やかさをプラスしたいときに

- 20mm幅に切る。
- 根元を切り落とさないよう気をつけながら5mmの葉を4枚作る。（切らない！）
- 左右対称になるように内側に折り曲げる。
- 崩れやすいときはピックなどで固定する。

column

手帳は
1日1ページ

生活を整え、豊かにしてくれる手帳。
スケジュールだけじゃなく季節に関する
記録や日記も書き込むと、
日常の中に小さな気づきが生まれる
かもしれません。

① 天気や服装の記録をつける

天気

最高・最低気温
（前日より＋なら赤、－なら青で書く）

服装

記録をつけると手持ちの
服を把握できる◎

② 二十四《にじゅうし》節気《せっき》について書く

手帳やカレンダーについてる
二十四節気を意識してみる。

大《だい》寒《かん》

北半球では
1年で最も寒い頃（らしい）

どんな節気か
一言メモします。

初候　款冬華《ふきのはなさく》
次候　水沢腹堅《さわみずこおりつめる》
末候　雞始乳《にわとりはじめてとやにつく》

二十四節気をさらに細分化
した七十二候《しちじゅうにこう》を書き出す。
生き物と季節のつながりを
感じることができます。

③ 季節にまつわる"したいことリスト"を作る

自分なりのその季節にしたいことを考えて
おくと行動の軸ができたり生活にメリハリが
ついたりします。

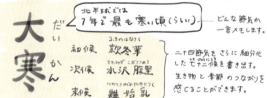

第17話
早起きのコツ

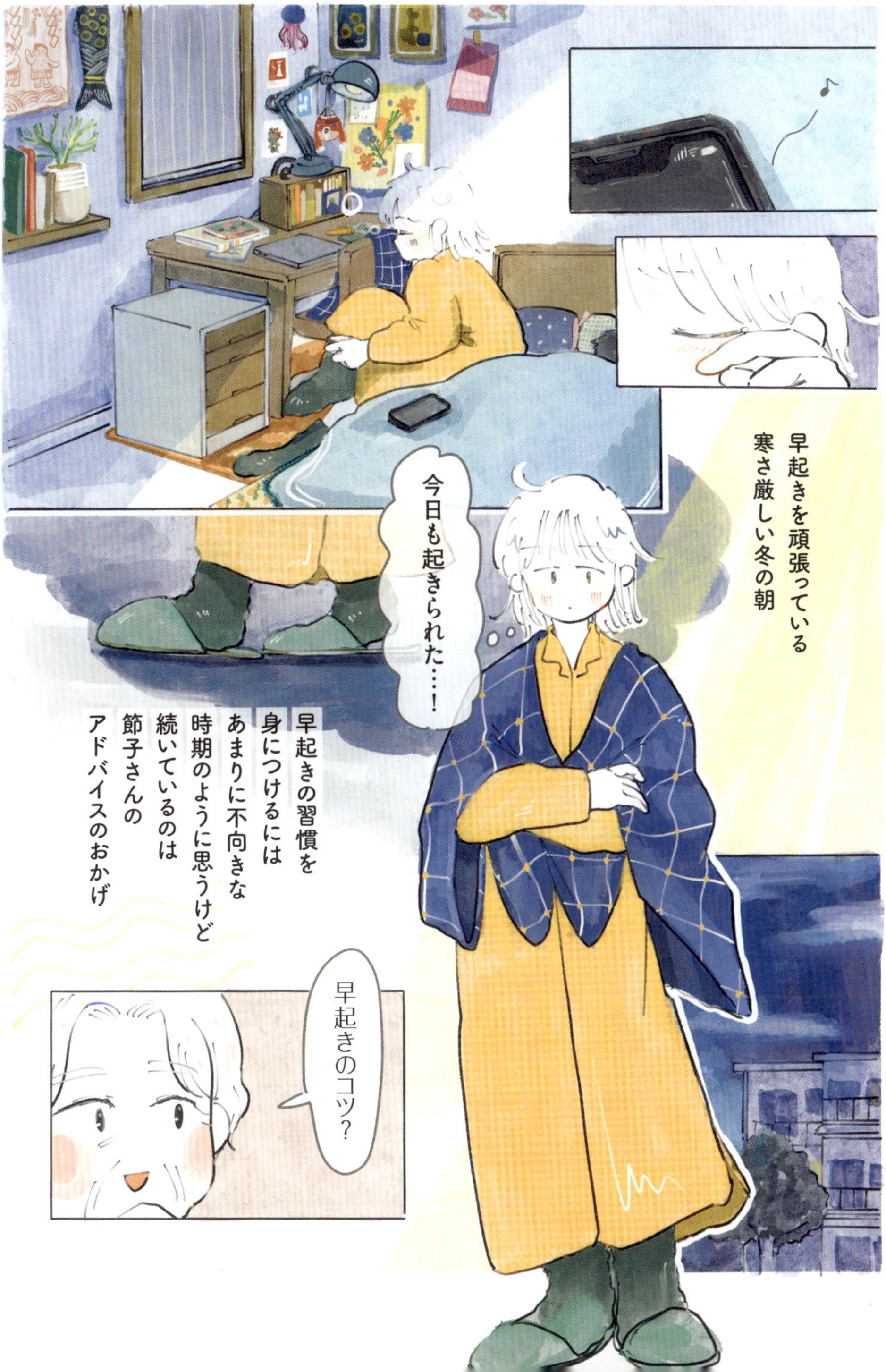
早起きを頑張っている
寒さ厳しい冬の朝
今日も起きられた…!
早起きの習慣を
身につけるには
あまりに不向きな
時期のように思うけど
続いているのは
節子さんの
アドバイスのおかげ
早起きのコツ?

基本はやっぱり早く寝ることね
ズドッ
うっ
寝るのはいいことよ
あともう1つ大事なのは――
「楽しみを用意しておくこと」

朝一番の楽しみは
ロウバイ
甘くて優しい冬の花の香りは
ベッドから抜け出した
私へのご褒美
まだある
朝の楽しみ
金柑《きんかん》の甘露煮《かんろに》
一日のはじまりの
飲み物を
気分に合わせて
選ぶのも楽しい
ローリエを
加えた白湯
香りがいい

喉の調子を
整えてくれる金柑
鮮やかな色がきれい
とろりと甘い蜜と
爽やかな柑橘の香りが
口に広がります
金柑の甘露煮は
金柑に切り込みを入れて
種を取り
アクや渋みを
抜きながら
砂糖で煮たもの

消毒した容器に
入れたら日持ちもします
朝の
この一口が
元気をくれる
いつもよりゆっくり
身だしなみを整えるのもいい
夜のうちに床に降りてきた
埃《ほこり》を集めるのもいい
時には
趣味を
時には
二度寝を楽しんで

そして最後は早起きをはじめてみて気づいた楽しみ
カーテンを開けて
SHISHI
冬の眩しい朝陽が照らす景色を眺めること
小さな楽しみを集めたら好きになった冬の早起き

Date 1・30・

一口の楽しみ

金柑の甘露煮

材料（250g）

金柑…250g（約16個）
砂糖…125g
水…200ml
（金柑が浸かる程度）
酢…小さじ1

作り方

1 金柑はよく洗い、ヘタを取る。上下を残して縦に5～6本切り込みを入れる。

2 鍋にたっぷりのお湯を沸かし（分量外）、金柑を3分茹でてザルにあげる。冷水に浸けて1時間程度おく。

3 爪楊枝を使って切り込みから種を掻き出す（全て取れなくても大丈夫）。

4 鍋に砂糖、水、酢を入れてひと煮立ちさせたら、金柑を加える。クッキングシートで落とし蓋をして、弱火で15分程、もしくは金柑に照りが出るまで煮る。

5 シロップと一緒に、消毒した容器に入れて保存する。

メモ

・使用する鍋は金柑に対して大きすぎないもので、ステンレスやホーロー製だとより良いです。
・3で種を取る作業は身が崩れやすくなるので、省くこともできます。

第18話
憧れの気持ちと共に

キコちゃんはどんな巻き寿司を作りたいのかしら？
うーん…簡単にできて彩りも華やかであとはお財布に優しい太巻き？
ふふっ
じゃあ今日は入れる具材を決めて今度一緒に作ってみましょ
ありがとうございます！
楽しみです!!
しば漬
キュウリ
サーモン
玉子
カニカマ

今日はよろしくお願いします！
まずは酢飯の準備ね！
かために炊いたご飯に寿司酢を加え酢飯を作ります
巻く具材はカニカマ、きゅうり、玉子、しば漬け、桜でんぶ それから塩麹で和えたサーモンのお刺身
今回は玉子とサーモン以外はほとんど切るだけで用意が簡単に済むものにしちゃいました
作り続けていくのには手をかけ過ぎないことも大切よ

海苔に
ご飯を広げたら
ばらつきやすい具材から
のせていきます
具材を押さえながら
広げたご飯の
終わりの辺りまで一気に
巻くのよ
私も!!
こんな風に
しっかりとね
巻きすで転がしながら
最後まで巻き上げます
できた……!
ほっ
すぐに切らずに
ご飯と海苔が
馴染むまで置いて
おきましょうね
お茶にしましょ

節子さんが私くらいの時は節分に恵方巻きを食べてなかったんですよね？
そうねえ　三十年前にはなかった気がするわ
当時の私には季節の行事を楽しむ余裕はなかったから覚えてないだけかもしれないけどね
そう　なんですか!?
あの頃は生活を回してくのに精一杯で四季を感じながら暮らしたいとは思っていたけど現実はそうはいかなかったわ
節子さんにもそんな頃があったんですね
実際そんな過ごし方に近づけたと思えるようになったのは割と最近のことなのよ

日々はどんどん進んでいくから焦ったこともあったけど
何かしたいと思う気持ちや理想の暮らしを諦めずにタイミングを待ち続けていてよかったなって思うの
今はこうやってキコちゃんと楽しめているから
節子さぁん
——正直に言うとね
巻き寿司も作り慣れてるってほどじゃないの
若い頃に作ったこともなかったの
え！
節子さんは巻き寿司に慣れてそうと思い込んでお願いしちゃいました…！
キコちゃんに頼ってもらえたのが嬉しくてかっこつけちゃった
ふふっ
こっそり練習したの

おお〜！
恵方巻きなら そのままでも いいけど
今日は切って 食べましょ
いただきます！
んー！ 酢飯ってやっぱり 美味しい！
具材それぞれの 食感や味も 楽しいですね
彩りも とっても綺麗よ
これからも 時々太巻きを作って 気負わずに巻けるように なりたいです！
季節の 食材を 入れて みたい！
焦らずに その気持ちを育んでね
また一緒に 楽しい時間を 過ごしましょ

Date 2 10

簡単なのに華やか気分

太巻き寿司

材料（3本分）

米…2合

A
- 米酢…50mℓ
- 砂糖…20g
- 塩…5g

焼き海苔…3枚
厚焼き卵…卵3個分
サーモン…80g程度
塩麹…適量
かに風味かまぼこ…9本
きゅうり…1本
しば漬け…20g
桜でんぶ…適量

作り方

1 米をかために炊き、混ぜ合わせた**A**を回しかける。しゃもじで切るように混ぜ、全体に馴染ませて冷ます。
2 厚焼き卵を作り、冷ましてから1㎝幅の棒状になるように切る。サーモン、きゅうりも海苔の幅に合わせて棒状に切る。サーモンは塩麹で和えておく。しば漬けは粗めのみじん切りにする。
3 巻きすの上に海苔を置き、酢飯の1/3の量をのせる。奥側を2㎝ほど空けて酢飯を広げる。左右の端の方は少し多めにしておくと具材が抜け落ちにくい。
4 広げた酢飯の中央より少し手前の位置に、ばらつきやすい具材から並べる。手前側から巻きすと海苔を一緒に持ち上げ、広げた酢飯の終わりの辺りを目掛けて一気に巻く。この時、具材を中指と薬指で押さえるようにする。
5 緩みがないよう残りを巻き上げ、形を整える。しばらく置いて海苔と酢飯が馴染んだら、巻き終わりを下にして食べやすい大きさに切る。

メモ

・1切れ切るごとに包丁を水で濡らし、軽く拭いてから切ると綺麗に切れます。
・太巻き1本に対して、酢飯は200〜250gで具材の量に合わせて調整してください。

あとがき

遡ること1年。
一通のメールをいただいたことがきっかけで、この本の制作がはじまりました。
それまで自分の絵を紙に印刷すらしたことがなかった人間なので、書籍という言葉を聞いてもいまいちピンとこず……。
どんな一冊にしようかとふわふわ考えているうちに、気づけば、それまで描いたことのなかった漫画形式！　しかも、主人公キコちゃんを主軸とした創作という未経験のジャンルにトライすることになりました。

はじめてのことばかりで無事に描き上げることができるのかという不安もありましたが、この本のテーマが「季節」であったことが強い味方になってくれました。

春夏秋冬それぞれにしたいこと、食べたいものを考え、実践し、物語に繋げていくという工程は、日々をより濃くしてくれましたし、何より楽しいものでした。
春の花粉はしんどいし、夏は信じられないくらいに暑いし、秋はついつい食べ過ぎちゃうし、冬は薄暗くて寒いけど、それでも日本の四季のうつろいは美しく、日々を豊かにしてくれるヒントでもあると再認識することができました。

最後になりましたが、この本を手に取り読んでくださった皆さま、制作を導き支えてくださった皆さま、本当にありがとうございました。
本書を生活の息抜きとして、季節を楽しむきっかけとして、そばに置いていただければ嬉しいです。

にいざかにいこ

二十四節気と七十二候

二十四節気は、古代中国で作られた太陽の動きをもとにした季節の目安です。
1年を春夏秋冬と設定し、さらにそれぞれの季節を6つの節気に分けています。
そして、二十四節気のひとつの節気をさらに3つに分けた七十二候は、
気候や動植物の様子を短文で表現し、より細かい自然の移り変わりを表しています。

立《りっ》春《しゅん》

2/4頃

旧暦では一年のはじまり

東風解凍《はるかぜこおりをとく》
温かい風が吹き氷をとかしはじめる

黄鶯《うぐいす》睍《な》睆《く》
ウグイスが春の訪れを告げるようになる

魚上氷《うおこおりをいずる》
氷下にいた魚が動きはじめる

雨《う》水《すい》

2/19頃

降る雪が雨に変わる頃

土脉潤起《つちのしょううるおいおこる》
大地が潤うようになって生き物が目を覚ます

霞《かすみ》始《はじめて》靆《たなびく》
霞が出て遠くの景色がほのかに見える様子

草木《そうもく》萌《めばえ》動《いずる》
草木が芽吹きはじめる

啓《けい》蟄《ちつ》

3/6頃

土の中にいた生き物たちが活動をはじめる

蟄虫啓戸《すごもりのむしとをひらく》
冬眠していた生き物が出てくる

桃《もも》始《はじめて》笑《さく》
桃の花が咲きはじめる

菜虫化蝶《なむしちょうとなる》
青虫が羽化して蝶になる

春《しゅん》分《ぶん》

3/21頃

昼と夜の長さがほぼ同じになる

雀始巣《すずめはじめてすくう》
スズメが巣を作りはじめる

桜《さくら》始《はじめて》開《ひらく》
桜の花が咲きはじめる

雷乃発声《かみなりすなわちこえをはっす》
大気が不安定になり雷が鳴りはじめる

桜エビの旬

桜エビの漁は年2回
春漁は3月下旬〜6月上旬

清《せい》明《めい》

4/5頃

万物が清らかでいきいきとする

玄鳥至《つばめきたる》
冬の間、暖かい所にいたツバメが日本に帰ってくる

鴻《こう》雁《がん》北《かえる》
冬の間、日本で過ごした雁が北に帰っていく

虹《にじ》始《はじめて》見《あらわる》
空気が潤い虹を見ることができるようになる

穀《こく》雨《う》

4/20頃

穀物を育てる春の雨が降る

葭始生《あしはじめてしょうず》
水辺に葦《あし》が咲きはじめる

霜《しも》止《やみて》出苗《なえいずる》
霜が降りなくなり、稲の苗が育つ頃

牡丹《ぼたん》華《はなさく》
百花の王とされる牡丹が咲く

立夏《りっか》

5/5頃

暦の上での夏のはじまり

蛙《かわず》始《はじめて》鳴《なく》
カエルが鳴きはじめる

蚯蚓《みみず》出《いずる》
他の生き物より少し遅れてミミズが地上に出てくる

竹笋《たけのこ》生《しょうず》
たけのこが生えてくる

小満《しょうまん》

5/21頃

万物が育ち満ち足りていく

蚕《かいこ》起《おきて》食《くわを》桑《はむ》
蚕が桑の葉を盛んに食べる

紅《べに》花《ばな》栄《さかう》
紅花が咲く

麦《むぎ》秋《のとき》至《いたる》
麦が熟し、麦にとっての秋(収穫期)を迎える

芒種《ぼうしゅ》

6/6頃

田植えの最盛期

蟷《かま》螂《きり》生《しょうず》
カマキリが生まれる頃

腐草《くされたるくさ》為蛍《ほたるとなる》
腐りかけた草の下からホタルが出てくる

梅子《うめのみ》黄《きばむ》
梅の実が黄色に熟す

夏至《げし》

6/21頃

一年でもっとも昼が長くなる

乃東《なつかれくさ》枯《かるる》
冬に芽を出したウツボグサが枯れる

菖蒲《あやめ》華《はなさく》
アヤメが花を咲かせる

半《はん》夏《げ》生《しょうず》
半夏(カラスビシャク)が生えはじめ、田植えが終わる時期

ウツボグサは夏《カ》枯《コ》草《ソウ》とも言われる

小暑《しょうしょ》

7/7頃

夏本番

温風《あつかぜ》至《いたる》
熱をふくんだ風が吹く

蓮《はす》始《はじめて》開《ひらく》
蓮が花を咲かせる

鷹乃《たかすなわち》学習《わざをならう》
幼い鷹が飛び方や獲物の捕り方を覚える

大暑《たいしょ》

7/23頃

もっとも暑い頃

桐《きり》始《はじめて》結花《はなをむすぶ》
桐が卵形の実をつける

土潤溽暑《つちうるおうてむしあつし》
土が湿って蒸し暑い頃

大雨《たいう》時行《ときどきふる》
時折激しい雨が降る

桐は高貴な木とされ、家紋や紋章に使われます

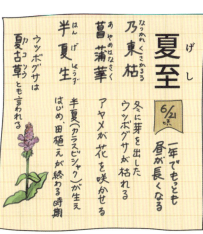

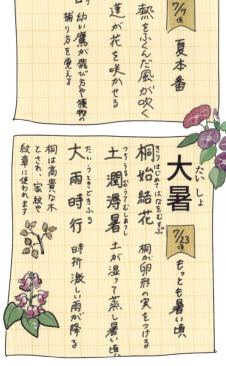

立秋《りっしゅう》

8/8頃

旧暦のお盆が明けて秋の気配がしてくる

涼風至《すずかぜいたる》 暑い風から秋を感じる風に変わっていく

寒蟬鳴《ひぐらしなく》 日の出前や夕暮れどきにヒグラシが鳴く

蒙霧升降《ふかききりまとう》 朝夕の気温が下がり霧が出やすくなる

処暑《しょしょ》

8/23頃

暑さのピークを越えた頃

綿柎開《わたのはなしべひらく》 ふわふわの綿毛が出てくる

天地始粛《てんちはじめてさむし》 暑さが鎮まる頃

禾乃登《こくものすなわちみのる》 稲穂が膨らんでくる

白露《はくろ》

9/8頃

草花に朝露がつく

草露白《くさのつゆしろし》 草についた露が白く見える

鶺鴒鳴《せきれいなく》 セキレイの鳴き声がする

玄鳥去《つばめさる》 春に日本に来たツバメが南へと帰っていく

秋分《しゅうぶん》

9/23頃

昼と夜の長さがほぼ同じになる

雷乃収声《かみなりすなわちこえをおさむ》 夏によく鳴った雷が収まってくる

蟄虫坏戸《むしかくれてとをふさぐ》 虫たちが冬ごもりの準備をはじめる

水始涸《みずはじめてかるる》 田んぼの水を抜く

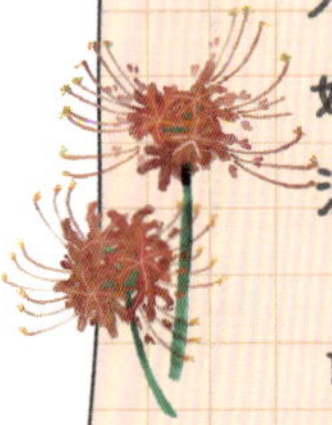

寒露《かんろ》

10/8頃

朝露が冷たくなる

鴻雁来《こうがんきたる》 雁が北から渡ってくる

菊花開《きくのはなひらく》 菊の花が咲きはじめる

蟋蟀在戸《きりぎりすとにあり》 秋の虫が戸口で鳴く

霜降《そうこう》

10/23頃

山里で霜が降りはじめる

霜始降《しもはじめてふる》 霜が降りはじめる

霎時施《こさめときどきふる》 通り雨が多くなる時期

楓蔦黄《もみじつたきばむ》 もみじや蔦が色づきはじめる

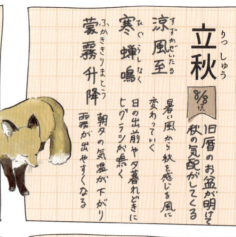

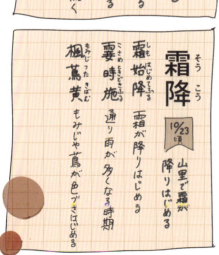

立《りっ》冬《とう》

11/7頃

暦の上での冬のはじまり

山茶始開《つばきはじめてひらく》　山茶花（サザンカ）が咲きはじめる

地始凍《ちはじめてこおる》　場所により霜柱が立つようになる

金《きん》盞《せん》香《かさく》　水仙が咲きはじめる

小《しょう》雪《せつ》

11/22頃

ちらほら雪が舞う

虹蔵不見《にじかくれてみえず》　空気が乾燥し日差しが弱まるため虹を見かけなくなる

朔《きた》風《かぜ》払葉《このはをはらう》　北風が吹いて木の葉を落とす

橘始黄《たちばなはじめてきばむ》　橘の実が黄色くなっていく

橘

日本に古くから自生している柑橘種

大《たい》雪《せつ》

12/7頃

本格的な冬

閉塞成冬《そらさむくふゆとなる》　重々しい灰色の雲が空を覆う様子

熊《くま》蟄穴《あなにこもる》　熊が冬眠する時期

鱖魚群《さけのうおむらがる》　鮭が産卵のため川を上る

冬《とう》至《じ》

12/22頃

一年でもっとも夜が長くなる

乃東生《なつかれくさしょうず》　ウツボグサが芽を出す

麋角解《さわしかのつのおつる》　雄の大鹿の角が抜け落ちる

雪下出麦《ゆきわたりてむぎのびる》　雪の下で麦が芽を出す

小《しょう》寒《かん》

1/5頃

寒さが厳しくなる

芹乃栄《せりすなわちさかう》　田んぼや水辺でセリが生える

水泉動《しみずあたたかをふくむ》　地中で凍った泉の水が溶け動きはじめる

雉始雊《きじはじめてなく》　雄の雉が鳴きはじめる

セリは春の七草の一種です

大《だい》寒《かん》

1/20頃

もっとも寒い頃

款冬華《ふきのはなさく》　フキノトウのつぼみが出てくる

水《さわ》沢《みず》腹堅《こおりつめる》　沢の水が氷になる

鶏始乳《にわとりはじめてとやにつく》　ニワトリが春の気配を感じ卵を産みはじめる

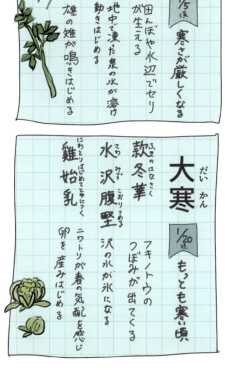

ブックデザイン／石松あや(しまりすデザインセンター)
DTP／辻野祥子
校　正／向山美紗子
営　業／後藤歩里
制　作／森村利佐
編集長／山﨑旬
編　集／中川寛子

季節が好きなわたしとマダム

2025年4月22日　初版発行
2025年7月10日　4版発行

著　者／にいざかにいこ
発行者／山下直久
発　行／株式会社KADOKAWA
　　　　〒102-8177　東京都千代田区富士見2-13-3
　　　　Tel.0570-002-301(ナビダイヤル)

印刷所／TOPPANクロレ株式会社

本書の無断複製(コピー、スキャン、デジタル化等)並びに無断複製物の譲渡及び配信は、著作権法上の例外を除き禁じられています。また、本書を代行業者などの第三者に依頼して複製する行為は、たとえ個人や家庭内での利用であっても一切認められておりません。

●お問い合わせ
https://www.kadokawa.co.jp/（「お問い合わせ」へお進みください）
※内容によっては、お答えできない場合があります。
※サポートは日本国内のみとさせていただきます。
※Japanese text only

定価はカバーに表示してあります。

©Niiko Niizaka 2025 Printed in Japan
ISBN 978-4-04-009044-5 C0093